LA VÉRITÉ

SUR L'ESPAGNE

IMPRIMERIE DE J.-B. GROS
RUE DES NOYERS, 74.

LA VÉRITÉ

SUR L'ESPAGNE

PAR

DE LA CROUËL DU QUESNAY

PARIS

ALLOUARD ET KAEPPELIN

Libraires–Éditeurs–Commissionnaires

SUCCESSEURS DE P. DUFART ET DE Gal WARÉE

12, RUE DE SEINE

1851

INTRODUCTION.

Il y a trois ans à peine, la société européenne était menacée de toutes parts, la lutte était engagée entre la civilisation et la barbarie. Une victoire décisive a-t-elle à jamais détruit les forces et les espérances de l'ennemi; ou bien, l'état actuel ne serait-il qu'une trève pendant laquelle les deux partis se préparent à de nouveaux combats? Quoi qu'il en soit, les événements de ces trois dernières années ont donné de grandes leçons, de graves enseignements, à ceux que la Providence a placés pour protéger et défendre l'ordre moral et social qui régit le monde. Ils ont prouvé qu'il y a solidarité de condition sociale entre tous les gouvernements, et que si ces derniers laissent se produire et se développer sur un point des principes politiques d'un ordre nouveau, le jour doit venir où ces principes nouveaux triompheront sur les anciens et changeront le mode d'existence de la société tout entière.

L'attitude des gouvernements semble témoigner de leur disposition à résister énergiquement si le principe révolutionnaire venait une seconde fois se traduire en action ; l'état armé de l'Europe, l'accord qui se fait entre les principales puissances, n'ont évidemment et ne doivent avoir d'autre objet Mais toute cette action diplomatique pour savoir ce que l'on fera le cas échéant, ces armées équipées en guerre et restant l'arme au bras, démontrent, d'un autre côté, que si les gouvernements comprennent leurs rôles, ils ne les remplissent qu'à demi. En effet, pourquoi attendre que l'anarchie vienne une seconde fois elle-même déclarer le combat? Pourquoi lui laisser le temps de recruter et de coordonner ses forces? N'est-il pas plus facile d'atteindre un ennemi en déroute, que de le vaincre quand il se présente dans toute la puissance de son énergie?

Ce système d'expectative est, d'ailleurs, tout à la fois, insuffisant et dangereux : il est insuffisant, car, en politique, on a beau détruire les résultats d'un principe, ils se reproduiront nécessairement, si l'on ne détruit le principe lui-même ; il est dangereux, car le moment peut arriver que, par surprise ou audace, le génie révolutionnaire triomphe des forces les mieux organisées ; les révolutions françaises de 1789 et 1848 ne prouvent que trop la vérité de cette assertion.

Il ne suffit donc pas de voir le mal et de l'attendre, il faut aller résolument au-devant de

lui pour l'empêcher d'avancer, mais c'est surtout à son origine qu'il faut l'attaquer; c'est en
coupant la révolution dans son principe, qu'on
parviendra à détruire l'anarchie. Il est vraiment
remarquable qu'il ait fallu les tristes expériences de ces derniers temps pour mettre dans
tout son jour cette simple vérité de sens
commun; mais ce qui l'est bien davantage,
c'est que les gouvernements réguliers, à peine
remis de cette expérience, qui a failli les
perdre, semblent ne pas encore la comprendre,
par le zèle exclusif qu'ils emploient à com-
battre les effets sans se préoccuper des causes,
qui doivent nécessairement les reproduire.

S'il y a, comme nous l'avons dit, solidarité
de condition sociale entre les gouvernements,
il y a obligation solidaire pour les autorités qui
les dirigent, à veiller sur les principes politiques
de chaque nation; en effet, sur ces principes
se forment non-seulement les mœurs, le caractère, la civilisation d'une nation, mais encore

les rapports et l'union de toutes les nations entre elles. Si l'une vient à changer ces bases fondamentales, sur lesquelles reposent ses habitudes et sa vie, alors, nécessairement l'harmonie est rompue, le trouble et la confusion se jettent dans les intelligences aussi bien que dans les intérêts matériels ; de là naissent ces systèmes sans fin, ces utopies monstrueuses qui se répandent par le monde, agitent et bouleversent les esprits, et doivent finir par mettre en question l'existence des états les plus fortement organisés.

Il est hors de doute que si l'Europe, en 1789, au lieu de rester spectatrice indifférente, pour ne pas dire satisfaite, de la révolution française, l'eût étouffée dès son début en maintenant à Louis XVI la plénitude de sa puissance ; il est hors de doute qu'elle n'aurait pas eu à essuyer les désastres que lui apporta Napoléon. Il est probable que les rois du continent n'auraient pas été obligés, trente-cinq ans plus tard, de

se condamner eux-mêmes, en reconnaissant
comme légitime, l'usurpation de Louis-Philippe
au trône de France ; il est probable qu'ils n'auraient pas aujourd'hui à lutter contre les
maximes politiques, qui tendent à tout ren-
verser ; de nos jours encore ils ne seraient pas
obligés de tenir sur un pied de guerre ruineux
des millions de soldats, dont l'énergie, au-
trement employée, ferait la fortune de leurs
États.

Que les rois donc se hâtent, quand il est
temps encore, non-seulement de détruire le
mal qu'ils ont laissé se propager, mais surtout d'oser résolument remonter jusqu'à sa
source pour la tarir. Le temps est venu d'oublier d'anciennes susceptibilités d'amour-
propre, qu'a pu, jusqu'à un certain point,
justifier l'immensité de la puissance et de la
gloire d'une des plus anciennes maisons sou-
veraines du monde ; ces temps de rivalité, de
gloire et de puissance, ne sont plus. Il s'agit

de sauver la société de l'anarchie, qui tend à
la dévorer, en lui livrant combat à outrance ;
il faut surtout la couper dans sa racine, en
condamnant d'un concert unanime l'usurpation
partout où elle se trouve, c'est-à-dire, en ré-
tablissant les anciennes bases du droit traditionnel partout où la force en a pris la place.
La conservation de la civilisation, le salut de
la société sont à ce prix.

Ceux qui liront ces réflexions, porteront
tout d'abord, et avec raison, leur pensée sur la
France ; car elle a eu le triste privilége de
marcher la première dans la voie des révolutions ; mais si les ruineuses expériences
qu'elle a faites, les funestes influences qu'elle
a répandues en Europe, font désirer unani-
mement, pour le repos général, le retour de

ses Rois légitimes, il est un autre pays non moins digne de fixer l'attention, pas seulement au titre de son ancienne splendeur, mais en raison du principe qui le dirige, et des éléments de trouble que ce principe prépare à l'avenir du monde.

GOUVERNEMENT ACTUEL D'ESPAGNE.

Né de la révolution de 1830, le gouvernement actuel d'Espagne est le produit de l'insurrection, le fait de la force sur le droit. Là, comme en France, se révèlent déjà les calamités intérieures, inhérentes à sa nature révolutionnaire; de là, comme de la France, partira nécessairement, pour se répandre au dehors, le trop plein des poisons anarchiques, alors qu'ils auront saturé le pays; les mêmes causes doivent produire les mêmes effets, et ne fût-ce le paroxysme révolutionnaire français, qui tient absorbée l'attention du monde, on serait frappé des progrès de l'élément anarchique en Espagne. Outre la proximité de ces deux nations, les liens étroits qui les unissent, les rendent nécessairement solidaires, quant au régime politique. La marche de l'une est subordonnée à la marche de l'autre. L'Espagne, profondément monarchique et religieuse, ne se jette point, il est vrai, avec la fougue française, dans ces nouvelles maximes, mais qu'on y prenne garde, par cela même qu'elle est plus tenace dans ses croyances, plus ferme dans ses principes, les mauvaises doctrines une fois produites, seront plus difficiles à réprimer; et admettons le cas heureux où la France, lasse de ses tourmentes, vienne rendre la paix au monde par le rappel de ses Rois légitimes, la même cause d'inquiétude et de misère, qui se développe en Espagne, viendra continuer les perplexités de l'Europe, et peut-être sans qu'il soit possible de leur assigner un terme.

En 1839, les légitimistes, vaincus par la trahison, abandonnèrent à Isabelle la libre

jouissance de son usurpation, laissant au temps
le soin de développer les conséquences du principe qui l'avait placée sur le trône. Ces conséquences ne tardèrent point à se manifester :
d'abord exercé sous la direction de ce qu'on est
convenu d'appeler ministère conservateur, le
gouvernement d'Isabelle eut bientôt à lutter
contre les tendances des radicaux (qu'on a bap-
tisés depuis du nom de progressistes). Nous
savons, en France, ce que signifie ce mot. Leur
force est devenue telle, aujourd'hui, qu'Isabelle est réduite, sous peine de se laisser glisser
au bas de la pente où elle s'est placée, à rappeler Narvaez, que des tendances par trop dic-
tatoriales avaient fait éloigner, comme l'unique
et dernier rempart à opposer à l'invasion de
ces progressistes. Ainsi, dictature d'un soldat
parvenu, d'un côté ; démocratie, pour ne pas
dire plus, de l'autre : telle est aujourd'hui la
seule alternative du pouvoir d'Isabelle en Espagne.

Qui ne reconnaît, à ce simple exposé de

l'Espagne, non-seulement les dangers qui menacent ce beau pays du ciel, mais ceux qu'il prépare à l'Europe.

Aveugles donc, il faut le dire en toute hardiesse, aveugles sont les rois, s'ils ne se hâtent, quand il est temps encore, d'arrêter l'invasion du nouveau fléau qui s'avance. La tâche est facile d'ailleurs, le parti monarchique est nombreux en Espagne, et au point où en sont encore les choses, il suffirait d'un simple laisserfaire pour que la légitimité se rétablît d'elle-même.

Il est un autre ordre de considérations, qui devrait suffire à lui seul pour déterminer en faveur de Don Carlos l'action des cabinets, qui ont intérêt à rétablir la paix en Europe et à prévenir toutes les causes qui peuvent la troubler ; ces considérations reposent sur les conditions auxquelles Philippe V renonça au trône de France pour lui et ses descendants. Ces conditions, que tout le monde connaît, sont passées dans le droit public par les traités d'Utrecht et de Vienne. Or, la reconnaissance d'Isabelle au trône d'Espagne est une infraction évidente à ces traités, et l'on ne saurait enfreindre une clause essentielle d'un traité sans l'annuler tout entier.

Supposons le cas infiniment regrettable où la mort vint à enlever à la France le comte de Chambord sans lui laisser d'héritier direct, évidemment le trône de France appartiendrait de droit à la branche de la maison de Bourbon la plus rapprochée du trône, c'est-à-dire à Don Carlos, à l'exclusion de la maison d'Orléans. Ce droit de la seconde branche, ou de la famille de Don Carlos, ne saurait être contesté sinon par la vertu du traité d'Utrecht. Donc l'infraction à ce traité, ou, en d'autres termes, le maintien d'Isabelle au trône d'Espagne, laisse aux chances de l'avenir le droit de la réunion sur une seule tête des couronnes de France et d'Espagne; et si, au commencement du siècle dernier, l'Europe, pendant douze ans, sacrifia tant d'hommes et de millions pour empêcher cette réunion, n'a-t-elle point à craindre de perdre un jour le prix de tant de sacrifices, et d'avoir rétabli elle-même cette prépondérance de puissance, qui l'a si longtemps et si justement préoccupée.

DES DROITS

A LA COURONNE D'ESPAGNE.

Nous avons dit que l'état actuel de l'Espagne
devait fixer au plus haut point l'attention publique à cause des germes d'anarchie qui s'y
développent journellement, et qui tôt ou tard
finiraient par porter le désordre dans la société
européenne s'ils n'étaient promptement étouffés.
Nous avons donné comme cause de cette désorganisation la nature usurpatrice du gouvernement de cette nation ; mais tout le monde n'est
point d'accord que le gouvernement d'Isabelle

soit le produit de l'usurpation sur le droit. Il y a des gens très-sérieux qui la considère comme reine très-légitime; il y en a d'autres, qui, par intérêt ou par sympathie, affichent la même croyance; d'autres enfin, et c'est le plus grand nombre, voient le droit où est le fait, et admettent volontiers tous les événements comme des nécessités, sorte de fatalistes qui s'endorment dans leur paresse ou leur impuissance et se font ainsi les apôtres du néant.

Il est donc important de fixer l'attention publique sur cette grave question de la monarchie espagnole, et de préciser d'une manière claire et définitive, si les prétentions de Don Carlos sont fondées en droit, ou si la couronne appartient légitimement à Isabelle.

Si cette question n'intéressait que l'Espagne, notre qualité de Français nous interdirait de nous en occuper; mais, ainsi que nous l'avons démontré, elle intéresse au plus haut degré l'avenir de l'Europe tout entière.

Dans l'examen que nous allons faire, nous n'avons donc d'autre préoccupation que celle de dégager la lumière des ténèbres que bien des gens se sont efforcés de répandre pour mieux abriter leurs intérêts personnels.

Les partisans d'Isabelle fondent ses droits sur les anciennes coutumes d'Espagne, notamment sur la loi de Partidas, qui appelle les femmes à succéder au trône, à l'égal des mâles, et sur la prétendue pragmatique sanction de Charles IV, qui remettait, disent-ils, cette loi en vigueur.

De leur côté les partisans de Don Carlos invoquent pour eux les lois et usages des temps les plus anciens, et s'appuyent surtout sur la loi de Philippe V, qu'ils soutiennent être la seule qui ait force et valeur en matière de succession.

Ainsi donc, quel est le caractère et la portée des anciennes lois et pratiques d'Espagne ;

quelle est la valeur de la loi de Partidas?
quelle est la force légale de la pragmatique de
Charles IV? L'élucidation de ces questions don-
nera la mesure des droits d'Isabelle; l'examen de la loi de Philippe V fixera ceux de
Don Carlos.

DE 412 A 1260.

Coutumes Anciennes

EN MATIÈRE DE SUCCESSION A LA COURONNE.

En compulsant dans l'histoire de la monarchie espagnole les faits qui ont rapport à l'objet
qui nous occupe, nous ne trouvons aucun
précédent en faveur d'Isabelle. Depuis là première période de la monarchie, en 412, jusqu'en 614, aucune femme n'est montée sur
le trône. A la mort de Don Pélage, le fameux
restaurateur de la monarchie espagnole, la
couronne dût passer sur la tête de sa fille
comme étant l'unique héritière, à défaut d'en-

fants ou collatéraux mâles. Ce fait ne peut être objecté à Don Carlos, car il n'offre aucune analogie avec sa situation ni avec celle d'Isabelle ; notons seulement à cette occasion que, malgré tout le droit légitime de cette femme au trône, puisqu'elle restait seule de la race royale, Don Pélage, par disposition expresse et par respect pour les mœurs espagnoles, voulut que le sceptre passât dans les mains de l'époux, ce qu'il fit en donnant la couronne à Alphonse Ier, dit le Catholique, qu'il maria avec sa fille Ormisinda.

En 767, Froyla Ier, fils aîné d'Alphonse, monta sur le trône et mourut bientôt après, laissant deux enfants, Alphonse et Dona Ximena. Don Aurelio leur oncle, au mépris des droits légitimes de son neveu, s'empara de la couronne, et n'ayant pas d'héritier, il maria sa sœur Adosinda avec Don Silo, haut et puissant seigneur, qui succéda à Aurelio. Non-seulement Adosinda ne prit pas le sceptre, quoiqu'elle fût la sœur du roi, mais tel était le sentiment de la légitimité, qu'elle dut céder aux instances du peuple, qui retira la couronne à son mari pour la poser sur la tête de son neveu, l'héritier légitime, et qui régna sous le nom d'Alphonse, surnommé le Chaste.

A la mort de Don Sancho, roi de Castille, son fils Garcia lui succéda : il mourut lui-même sans héritiers mâles ; la couronne dut passer sur la tête d'une de ses sœurs, Dona Elvira ; celle-ci, qui aurait été reconnue très-légitime en vertu de toutes les lois ultérieures, y compris la loi de Philippe V, ne prit pas même le titre de reine ; et son mari, Don Sancho, roi de Navarre, le devint également de Castille.

A Don Sancho succéda Ferdinand Ier, sous le titre de roi de Castille. Marié avec Dona Sancha, sœur de Bernardo III, roi de Léon, il mourut sans enfants ni collatéraux mâles ; la couronne appartenait donc de droit à Dona Sancha sa sœur ; malgré cette légitime héritance, ce fut Ferdinand de Castille, son mari, qui fut proclamé roi de Léon.

Alphonse VI, roi de Léon et frère de Don Sancho, roi de Castille, eut une fille unique, Dona Uraca, qui devint l'épouse de Don Raymond, frère du duc de Bourgogne, et donna naissance à un fils, Don Alphonse. Elle fut mariée en secondes noces à Don Alphonse d'Aragon; le trône de Léon devint vacant par la mort d'Alphonse VI, et bientôt après celui de Castille le devint également par la mort de Don Sancho, assassiné sous les murs de Zamora, en 1074. Dona Uraca, qui aurait dû être considérée comme légitime héritière de son père et de son oncle, ne ceignit point la couronne, tous les droits de la royauté passèrent à son mari, qui réunit ainsi dans sa main le triple sceptre de Léon, de Castille et d'Aragon, en 1109.

Nous citons à dessein l'époque de la mort de Don Sancho, roi de Castille, pour rectifier une erreur qu'a commise, nous voulons croire par seule ignorance de l'histoire, le docteur Zopfl dans son ouvrage sur les droits d'Isabelle. Il

dit que Dona Uraca, fille d'Alphonse VI, succéda au roi de Castille et de Léon, quoique son
père eût un frère, Don Sancho, célèbre par ses
exploits contre les Maures. Le meilleur moyen
de discréditer une cause, est de se servir d'ar-
guments faux pour la soutenir, car on ne croit
plus même à ceux qui pourraient être vrais ;
or, cette allégation du docteur Zopfl est erronée
en deux points capitaux : d'abord Uraca ne
prit point le sceptre de son père et de son oncle,
mais il passa dans les mains de son mari Don
Alphonse d'Aragon ; ensuite cette succession
n'eut point lieu au vivant de Don Sancho,
puisqu'il était mort trente-cinq ans auparavant.

Ce fait même nous donne la preuve de la
répugnance des Espagnols pour le règne des
femmes, ou, si l'on veut, pour le respect qu'ils
ont toujours professé pour les droits légitimes.
En effet les Castillans, sous prétexte de répugnance pour un roi étranger, firent attaquer le
mariage de Dona Uraca avec Don Alphonse
d'Aragon, pour cause de parenté ; leur plainte

prévalut, et le pape Pascal II annula ce mariage. Dona Uraca voulut alors revendiquer le trône de Castille comme héritière de son oncle; sur la résistance des Castillans, elle en appela aux armes, mais ce fut en vain ; femme, elle ne devait point régner, et son fils fut couronné dans l'église de Compostelle et proclamé roi de Castille, sous le nom de Alphonse VII.

Il résulte des faits que nous venons d'énumérer : 1° que les femmes n'ont jamais régné, même dans le cas où il ne se trouvait pas d'héritier mâle direct ou indirect ; 2° que, dans tous les temps, les Espagnols ont toujours professé la plus grande répulsion pour le règne des femmes, puisque dans les cas où, à défaut de mâles, elles auraient eu des droits à exercer, elles ont été obligées de laisser la couronne à leurs maris.

Vainement les partisans d'Isabelle ont essayé de fausser la chronologie des rois d'Espagne en substituant au nom des rois dont nous avons parlé, ceux de leurs épouses. Il est facile de changer des noms sur un Calendrier, mais on ne peut arracher à l'histoire les décrets et ordonnances qui, tous, portent le cachet de la puissance et de la volonté de ces mêmes rois.

———

1260.

Loi de las Partidas,

En 1260, Alphonse X promulgua un code supplémentaire pour la province de Castille, sous le nom de *Loi de las Partidas.*

Disons d'abord que ce code n'était applicable qu'à la seule province de Castille, et n'altérait en rien le mode de succession de mâle en mâle, à l'exclusion des femmes, exercé de tout temps dans toutes les provinces de l'Espagne.

Ce code de las Partidas dispose, tit. xv, que

dans l'héritage de la couronne, les femmes en ligne directe seront préférées aux mâles collatéraux. Ce texte précis est annulé par plusieurs autres, qui ne le sont pas moins ; ainsi, indépendamment de la loi IV, tit. IV, partida 3, qui déclare les hommes seuls capables des charges publiques, nous trouvons la loi I, tit. I, partida 2, qui énumère le mariage parmi les modes d'acquérir la seigneurie du royaume. Non moins explicite se présente la loi III, titre XV, partidas 2, qui ordonne que le roi mineur soit sous la protection des curateurs jusqu'à sa vingtième année, mais que si le mineur est une femme, elle doit y rester jusqu'à ce qu'elle soit mariée. Or, comme par l'effet du mariage la seigneurie du royaume passe à l'époux, il résulte, d'après cette même loi des Partidas, que la fille ne possède jamais la royauté dans l'acception propre du mot.

Citons d'ailleurs un exemple pris dans le temps même où ce code de Partidas devait avoir toute sa vigueur, pour prouver combien peu il était respecté, et combien l'emportaient sur lui les anciennes lois et coutumes d'Espagne.

En 1362, le roi Don Pierre, surnommé *le Cruel*, avait, par son testament du **18** novembre, nommé pour lui succéder à la couronne, Dona Constance, sa fille ; malgré sa volonté, si formellement exprimée, et le texte précis du tit. xv, dont nous avons parlé, Dona Constance n'hérita point de la couronne : elle passa au frère du roi Don Pierre, qui prit le nom de Henri II.

L'analogie de cet exemple avec la situation de Don Carlos le rend frappant à un double point de vue. Dona Constance était exclue dans le temps où les lois de Partidas n'avaient rien perdu de leur valeur, si jamais elles en avaient eu, et Isabelle fonde ses droits sur ces mêmes lois, quand celle de Philippe V est venue les annuler complétement.

Ajoutons que Alphonse X fut le premier à enfreindre ce code qu'il avait promulgué, par l'appel qu'il fit à la succession du trône de Don Sancho, son fils puîné, au détriment de son petit-fils.

Nous pourrions multiplier les exemples pour démontrer la répugnance qu'a dans tous les temps témoignée la nation espagnole pour le règne des femmes, et le peu de cas qu'elle a fait en toute occasion du code de Partidas, malgré son respect traditionnel pour la légalité; nous n'en citerons plus qu'un seul, parce que, comme le précédent, il offre la plus grande analogie avec la question qui nous occupe.

Henri IV n'ayant pas d'enfants mâles, voulut faire proclamer sa fille Dona Juana pour son héritière, en laissant à l'écart son propre frère Don Alonzo I". Une vive opposition se manifesta aussitôt, et les grands de Castille, réunis à Burgos, firent parvenir au roi une adresse qu'il reçut à Valladolid. L'affaire fut remise à la décision de quatre juges, et le résultat ne demeura pas douteux. Don Alonzo, frère de Henri IV, fut proclamé successeur à la couronne, quoiqu'il ne fût alors âgé que de onze ans.

Ajoutons que dans les cas mêmes où le sceptre devait passer aux femmes, à défaut de mâles, le code de Partidas était si peu considéré comme loi fondamentale, qu'on ne se préoccupait pas de la lignée, mais uniquement du mérite. Don Alonzo mourut avant de monter au trône ; deux femmes seules restaient pour en hériter. Dona Juana, fille du roi, et Dona Isabelle, sœur du roi. Malgré les dernières volontés du prince mourant en faveur de Dona Juana, Dona Isabelle, digne épouse du vertueux Ferdinand V d'Aragon, succéda à Henri IV, en 1474, non-seulement à cause de ses éminentes vertus, mais aussi et surtout parce que, avec elle, le sceptre, sans sortir de la famille légitime, ne restait pas dans les mains d'une femme.

Puisque nous avons cité le nom de la reine

Isabelle, qu'on nous permette de faire trève à
la dissertation qui nous occupe, pour relever
une erreur qu'on semble avoir commise à
dessein, en la qualifiant d'Isabelle *première,*
comme pour donner une sorte de passeport à
l'appellation de *seconde,* qu'ajoute à son nom
l'Isabelle régnante. L'épouse de Ferdinand V ne
prit jamais le nom d'Isabelle *première,* pas plus
qu'elle ne pensa jamais à enlever à son époux
le fait et le droit de la royauté; il suffit pour
s'en convaincre de connaître la manière dont
se fit la proclamation à la mort de Henri IV.
Ferdinand V se trouvait alors en Aragon, et
son épouse Dona Isabelle était à Ségovie. Ce
fut sur la place publique de cette ville qu'on
dressa l'estrade sur laquelle on devait prononcer
la reconnaissance du roi. L'étendard royal y fut
déployé aux acclamations du peuple, qui, dans
des transports de joie, s'écria : « *Castillia, Castillia por el Rey don Fernando et la reyna
Dona Isabel!* » Le 2 janvier 1475, Ferdinand V
étant revenu à Ségovie y fut reçu en triomphe;
tous les États lui rendirent leurs hommages

et lui baisèrent les mains comme à leur sou-
verain, y *besaron la mano como a su Rey* (1).

De ce qui précède, il reste bien établi que
les lois et coutumes d'Espagne ne peuvent être
invoquées en faveur des droits d'Isabelle, mais
qu'au contraire elles viennent corroborer ceux
de Don Carlos. La loi de Partidas ne peut davantage être invoquée par les partisans d'Isabelle ni en fait, ni en droit. En fait, cette loi
fut toujours méconnue, toujours écartée, toujours rejetée dans les circonstances où elle
aurait pu trouver son application. En droit, ces
dispositifs divers ne fussent-ils pas en contra-
diction les uns avec les autres, elle ne saurait
être alléguée, parce que cette loi, faite uniquement pour la province de Castille, ne saurait
avoir d'action sur toutes les autres, dont la
réunion forme aujourd'hui le royaume d'Espagne, mais parce que, surtout, elle cède à la
loi postérieure actuellement en vigueur à la
loi V, lib. 3, tit. i de Philippe V.

(1) Mariana. Hestoria general de España, lib. 24, cap. 5,
edicion de Madrid de 1623.

1713.

Loi de Philippe V.

Les Espagnols ont constamment senti cette grande vérité, si laconiquement exprimée par Bossuet : « Qu'où les filles succèdent, les « royaumes ne sortent pas seulement des « maisons régnantes, mais de toute la nation. » Profonde vérité politique, dont, par rapport à l'Espagne actuelle, on ne saurait trop recommander la méditation aux souverains de nos jours.

Il est hors de propos de démontrer la légitime héritance du duc d'Anjou, petit-fils de Louis XIV, au trône d'Espagne. Elle est incontestable et incontestée, mais avant d'exposer l'esprit et les caractères de la loi fondamentale qu'il promulgua en 1713, treize ans après son avénement au trône, il n'est pas sans importance de rappeler ici que, pour donner satisfaction à l'Europe, jalouse de la gloire immense de la maison de Bourbon, et préoccupée que l'avénement au trône d'Espagne d'un petit-fils de France n'amenât un jour sur une seule tête la double couronne de ces deux formidables nations, il fut solennellement reconnu que Philippe V renoncerait à jamais pour lui et ses descendants à la couronne de France, comme de leur côté, les ducs de Berri et d'Orléans, pour eux et les leurs, renonceraient à la couronne d'Espagne. Cette déclaration devint une des clauses principales du traité d'Utrecht, qui mit fin à la fameuse guerre de douze ans.

Les changements apportés à la politique européenne par ces renonciations diverses commandaient de bien fixer la loi fondamentale de succession. A ces considérations de haute politique se joignait la nécessité d'une loi unique en matière de succession pour tout le royaume actuellement réuni ; il importait d'ailleurs de ramener à un texte clair et précis les coutumes qui, jusque là, avaient servi de règle en ma-

tière de succession, et de mettre un terme aux
agitations qui s'étaient plus d'une fois élevées
quand il s'était agi de suppléer à la vacance du
trône.

Tels furent les motifs qui déterminèrent Philippe V à présenter cette loi fondamentale dont
la sagesse et l'utilité ne peuvent être contes-
tées par personne. Cependant l'à-propos de
cette loi, son esprit, commandé par les circonstances, les droits incontestables qu'avait
son auteur à la proposer, la sanction que lui
donnèrent les principales puissances, signataires du traité d'Utrecht, ne suffirait point à
lui donner toute sa force légale, si elle n'eût
été revêtue des deux conditions essentielles,
reconnues dans tous les temps, et inscrites dans
le code d'Espagne, à savoir, qu'une loi fondamentale ou politique, pour avoir force de légalité, doit être délibérée par les Cortès *munies
d'un mandat exprès*, et le vote de ces Cortès
sanctionné par le Roi. A lui seul, il ne peut
faire une loi fondamentale ; seulement il peut

refuser sa sanction, et une loi de cette nature, de même que les lois ordinaires, n'a de force et de valeur qu'après la promulgation. Il est d'autant plus important de fixer l'attention sur ces points capitaux que nous aurons plus tard à examiner si la loi de Charles IV, sur laquelle s'appuient principalement les partisans des droits d'Isabelle, a été revêtue de ces conditions essentielles.

Quant à celle qui nous occupe en ce moment, il est hors de doute qu'elle fut environnée de toutes les précautions qui la rendent inattaquable.

Sur le vœu que le Conseil d'État tout entier avait exprimé au Roi qu'il daignât régler, par une loi, le mode de succession au trône d'Espagne, celui-ci renvoya ce vœu au grand Conseil de Castille, qui s'y conforma à l'unanimité. Les Cortès générales se trouvaient alors réunies à Madrid ; on expédia des ordres pour que les

cités et les villes remissent à leurs députés les
pouvoirs nécessaires pour traiter cette affaire,
de la manière qu'ils jugeraient convenable aux
intérêts généraux de la nation. Ces pouvoirs
ayant été remis, les rapports du Conseil d'État
et du Conseil de Castille furent soumis à la
délibération des Cortès; ils furent par elles exa
minés, discutés et envoyés au Roi, avec prière
de les sanctionner comme loi fondamentale du
royaume.

Ainsi donc, par mandat exprès des cités et
villes, sur le rapport des corps de la noblesse
et du clergé, les Cortès délibérèrent, le roi si-
gna et publia cette loi fameuse qui formule
clairement que les femmes ne pourront, *en
aucun cas*, être admise à recueillir la couronne d'Espagne, tant qu'il existera, au moment de la vacance du trône, un prince de la
souche royale, descendant direct ou indirect
de ladite souche. On peut donc affirmer que
cette loi de Philippe **V**, qui est passée dans le
droit public européen, et que tous les chefs

d'État ne sauraient laisser violer sans s'exposer de nouveau à ces discussions ardues de pondération de puissance, auxquelles le fameux traité d'Utrecht vint mettre un terme, cette loi, disons-nous, claire et explicite dans ses dispositions, inattaquable dans son esprit comme dans sa forme, aurait pu nous dispenser d'entrer dans l'analyse des coutumes et lois précédentes; car elle est devenue, et personne ne peut le contester, la seule base fondamentale du droit public d'Espagne en matière de succession.

Jusque-là donc Isabelle ne possède point légitimement le trône d'Espagne, en vertu de tout ce que nous avons établi précédemment; mais, évidemment, en vertu de cette loi de Philippe V, la couronne appartient au frère de Ferdinand VII, à Don Carlos, ou plutôt au fils de ce dernier, le prince des Asturies, comte de Montemolin, par l'abdication faite en sa faveur le 18 mai 1845.

1789.

Pragmatique de Charles IV.

Jusqu'à 1789, personne n'avait songé à attaquer le mode de succession des rois d'Espagne sous l'égide desquels la nation vivait heureuse et tranquille. Mais à cette époque funeste le vent révolutionnaire commençait à souffler sur les trônes; et le vertige des nouveautés, qui devait bientôt entraîner les rois sur l'échafaud et les peuples dans l'abîme, s'empara de quelques têtes ardentes au sein même des Cortès espagnoles. Telle fut l'origine de cette proposition qui fut envoyée à la sanction de Charles IV, laquelle avait pour objet d'abolir la loi de Philippe V, c'est-à-dire de détruire la royauté en replongeant son mode d'existence dans les ténèbres et le chaos des anciennes lois et coutumes. Cependant comme les partisans d'Isabelle fondent principalement ses droits sur ce document, nous devons en apprécier la force et la valeur ; en d'autres termes, nous devons examiner s'il est revêtu de toutes les conditions qui puissent le faire respecter comme une loi fondamentale. Eh bien! en toute bonne foi, ce document ne contient aucune de ces conditions, pourtant indispensables ; mais, avant de le démontrer, hâtons-nous de dire que, fût-il aussi valide que la loi de Philippe V, par les précautions dont on l'entoura, il ne saurait être opposé au droit de Charles VI et appuyer les prétentions d'Isabelle ; car alors que cet acte d'abolition sortit des Cortès, Don Carlos, existant, avait tous ces droits acquis en vertu de la loi en vigueur, et aucune loi nouvelle ne pouvait les anéantir, à moins qu'on n'inscrive dans les lois d'Espagne le principe monstrueux de la rétroactivité contre laquelle les codes de toutes les nations civilisées ont eu grand soin de protester. Ajoutons que cette loi nouvelle n'avait aucune utilité, si ce n'est celle de préparer le triomphe de l'anarchie.

Cet acte des Cortès de 1789 manque des deux

caractères essentiels qui seuls pourraient lui donner valeur et force légale, ainsi que nous l'avons établi à l'occasion de la loi de Philippe V : *mandat spécial pour le corps délibérant et sanction royale*. En effet, l'objet spécial de la réunion des Cortès du 19 septembre 1789 était la reconnaissance du prince des Asturies, Ferdinand VII, et cet objet une fois rempli, leur mandat expirait aussitôt.

Charles IV inaugura lui-même cette séance par un discours, dans lequel pas la moindre allusion ne fut faite à cet acte, pourtant fondamental ; il ne fut proposé et voté que dans la séance du 30. Campomanes, qui présidait les Cortès, savait si bien les objections irréfragables qui devaient accueillir cette proposition, qu'il interdit toute discussion, et que, sur la proposition de Villa-Campo, député de Burgos, de traiter l'affaire, il se hâta de répondre qu'il n'était pas question de discuter, mais qu'il fallait signer. Vainement plusieurs députés élevèrent la voix contre ce mode d'opérer dans une assemblée délibérante, et s'abstinrent de toute participation ; la proposition, qu'on dit être rédigée au nom du Roi, fut convertie en pétition des Cortès et portée à la sanction de Charles IV.

Puisque cette pétition n'était autre chose que l'expression de la volonté du Roi, on doit penser que, du moins, il va se hâter de couvrir par sa sanction l'illégalité des signataires. Il n'en est rien. Le roi répond qu'il considérera la demande, qu'il prendra des conseils, qu'il avisera ; et il avisa si bien en effet, que, loin d'y donner son approbation, bien qu'il soit resté sur le trône dix-huit ans après cette demande, il voulut prouver qu'il la considérait comme non avenue, par son ordonnance de 1805, qui déclarait que *la loi de Philippe V continuerait à faire partie des lois en vigueur dans la novissima recopilacion.*

Nous n'irons pas attrister les cendres de Ferdinand VII, en prétendant que les appuis de sa

famille veulent évoquer ses droits au trône, de
la Constitution de 1812. Isabelle elle-même
rejetterait une pareille origine où il lui faudrait
briser le sceptre monarchique et s'affubler du
bonnet rouge.

Nous pourrions borner là les explications que
nous avions à donner pour éclairer et fixer
l'opinion sur cette importante question de savoir à qui appartient le droit à la couronne d'Espagne ; car les faits authentiques que nous avons
relatés, l'exposé fidèle que nous avons fait de
l'esprit, du caractère et du texte des lois sur la
matière sont les seuls éléments de conviction à
examiner.

L'acte du 29 mars 1830, par lequel Ferdinand VII déclare remettre en pratique ce qui
avait été voté aux Cortès de 1789, et sanctionné
par Charles IV, ne saurait être invoqué par
Isabelle ; car, ainsi que nous l'avons demontré,
l'acte des Cortès est nul; et cette sanction, en
supposant qu'elle eût suffi pour donner à cette

prétendue loi force légale, n'a jamais eu lieu ; et de quelle valeur peut être l'ordonnance de mise à exécution d'une loi qui n'existait pas !

En se prêtant à cette comédie, Ferdinand VII cédait aux obsessions des révolutionnaires, sachant d'ailleurs parfaitement la nullité radicale de cet acte, mais ne se doutant pas que plus tard ces révolutionnaires déguisés pussent s'en faire une arme pour saper le trône, dont ils se proclamaient les plus fermes appuis. Nous aurions de bien tristes, bien scandaleuses vérités à révéler sur ce point ; le respect pour les personnes nous fera garder le silence ; nous ne voulons d'ailleurs que convaincre et jamais irriter.

Cependant Louis-Philippe, qui ne prévoyait pas alors que cinq mois plus tard il prendrait la place de Charles X, mais qui pressentait que le fait pouvait tenir place du droit, protesta contre cet acte de Ferdinand VII, ainsi qu'on le voit dans les notes qu'à cette occasion il remit à M. de Polignac, ministre des affaires étrangères.

Il n'est pas inutile pour la cause qui nous occupe
de citer ce fragment des souvenirs du prince
de Polignac; nous le recommandons même à
l'attention de tous les souverains de l'Europe,
et particulièrement à celle de toutes les branches
de la maison de Bourbon.

« A l'époque où se traitait la question de la
« succession de l'Espagne, dit M. de Polignac,
« Monseigneur le duc d'Orléans (Louis-Philippe)
« me rendait de fréquentes visites au ministère
« des affaires étrangères; il me remettait di-
« verses notes tendant à prouver que Ferdi-
« nand VII n'avait pas le droit d'abolir par un
« simple décret un ordre de succession, reconnu
« par l'Europe, et garanti par des traités. Il me
« pressait vivement d'engager le Roi à prendre
« des mesures propres à rétablir en Espagne
« les choses dans leur premier état. Son Altesse
« Royale prêchait un converti; mais je devais
« garder le silence sur les projets du Roi. Le duc
« d'Orléans crut sans doute que je ne partageais
« pas son avis, car il me dit un jour : « Ce n'est

« pas seulement comme Français que je prends
« un vif intérêt à cette question ; c'est aussi
« comme père. Dans le cas en effet (ce qui
« n'arrivera jamais de mon temps) où nous au-
« rions le malheur de perdre Mᵍʳ le duc de Bor-
« deaux sans qu'il laissât d'enfants mâles, la
« couronne reviendrait à mon fils ainé, pourvu
« que la loi semi-salique fût maintenue en Es-
« pagne ; car si elle ne l'était pas, la renoncia-
« faite par Philippe V au trône de France, en
« son nom et en celui de ses descendants mâles,
« serait frappée de nullité ; puisque ce n'est
« qu'en vertu de cette renonciation que les
« descendants mâles de ce prince ont acquis un
« droit incontestable à la couronne d'Espagne.
« Mais si ce droit leur est enlevé, ils peuvent
« évidemment revendiquer celui que leur
« donne la loi salique française à l'héritage de
« Louis XIV. Or, comme petit-fils de ce mo-
« narque, ils deviennent la branche ainée, ils
« passent avant mes enfants. »

Au surplus, averti par les protestations des

divers souverains intéressés au maintien du traité d'Utrecht, sur les dangers de cet acte, bien que nul dans sa nature et dans sa forme, Ferdinand VII en fit la révocation le 18 septembre 1832, alors qu'une maladie grave pouvait compromettre son existence. Nous signalons même avec plaisir l'adhésion que donna la reine Christine aux volontés du Roi, en rappelant ses belles paroles, dignes de ses aïeux : « Je « ne veux pas qu'il en puisse coûter une seule « goutte de sang à l'Espagne. »

Plût au ciel qu'elle fût restée fidèle à ces nobles sentiments, et que son orgueil, nous voulons dire plutôt les instigations de son entourage , ne fussent venues leur donner plus tard un cruel démenti.

On nous dispensera de suivre les phases ténébreuses qui eurent pour résultat la publication d'un acte nouveau, prêté à la volonté de Ferdinand VII, et qui, sous la date du 31 décembre, vint révoquer celui du 18 septembre de la même année. Encore une fois nous ne voulons que convaincre : ce qu'a pu faire Ferdinand VII, en s'appuyant sur un texte qui n'existait tout au plus qu'à l'état de projet de loi, ne saurait apporter aucun élément de discussion à l'objet qui nous occupe.

Démontrons d'ailleurs, par quelques citations, comment les plus fermes soutiens d'Isabelle entendaient fonder ses droits, et pratiquer ce qu'ils appellent le règne du patriotisme et de la liberté.

La mort de Ferdinand VII, arrivée le 29 septembre 1833, fut le point de départ des nouvelles maximes politiques qui devaient inaugurer l'avènement d'Isabelle au trône. Dès 1834, les Cortès s'empressent de marquer le premier pas vers l'anarchie en proclamant hautement que le trône de l'infante Isabelle devait s'appuyer uniquement sur le principe révolutionnaire.

Dans la séance de la chambre des Procérès du 11 août de la même année, Martinez de la

Rosa, dans un long discours apologétique des doctrines révolutionnaires, ne se tint pas pour content de proclamer *que le moment était venu de traiter Don Carlos comme rebelle selon toute la rigueur des lois.* Il termina par cette phrase d'anathème, que peut-être le citoyen Marc Dufraisse n'aurait pas osé répéter dans la séance de la chambre française du 1er mars 1851, s'il eût été en présence des princes eux-mêmes : « *En vain,* » ajouta Martinez de la Rosa, en se tournant vers les enfants de Don Carlos, qui portaient encore empreinte sur leur physionomie toute la candeur de l'enfance, « *en vain on prétendrait invoquer les idées généreuses du siècle, qui ne veut pas que les peines infligées aux pères coupables puissent jamais atteindre les fils innocents !! »*

Montitto, dans la séance des Procuradorès du 7 octobre, approuva l'exclusion de don Carlos, *non en vertu,* dit-il, *des lois de Par-*

tidas, mais en raison de la force des circon-
stances et de l'intérêt du bien public.

Dans la séance du sénat du 3 avril 1849, le ministre Mon, craignant sans doute que les principes professés par ses devanciers ne reçussent pas une application assez prompte, « *Nous, les modérés, ainsi que les exaltés,* s'écria-t-il, *nous sommes tous les enfants de la nouvelle politique française de 1793...* »

Quelques mois avant sa chute du pouvoir, le célèbre Narvaez mettait à prix la tête du comte de Montemolin (Charles VI), sans doute pour prévenir toute entrave à la puissance dictatoriale à laquelle il préludait.

Sont-ce là les maximes politiques que professent et pratiquent les gouvernements qui s'appuient sur la force et la justice du droit monarchique?

CONCLUSION.

Nous avons présenté avec la plus parfaite impartialité les faits et les documents d'où ressortent les droits à la couronne d'Espagne ; et certes, après cet exposé, la question ne peut laisser un instant de doute à tout esprit impartial.

Ainsi, pour don Carlos ou son fils, le comte de Montemolin, la loi de Philippe V, proposée par le chef d'une nouvelle dynastie, établie pour empêcher le trône de passer dans une nation étrangère, pour prévenir le renouvellement d'une guerre de succession, toujours ruineuse pour le pays, nécessitée par le besoin d'une loi unique en matière de succession, loi discutée et promulguée publiquement après toutes les formalités nécessaires à toutes les lois fondamentales, reconnue et sanctionnée par le pays tout entier, loi contenue implicitement, mais nécessairement, dans les traités d'Utrecht et de Vienne, garantie par ces mêmes traités, et faisant partie du droit public européen.

Un titre appuyé sur de pareilles bases peut dispenser de revendiquer les coutumes et les mœurs immémoriales des Espagnols, toutes favorables qu'elles sont, nous l'avons prouvé, aux légitimes prétentions de Montemolin.

Pour Isabelle, la loi de Partidas, qui ne fut jamais appliquée, mais toujours enfreinte, faite pour une seule province et complétement annulée par la loi postérieure de Philippe V, et puis, la prétendue pragmatique de Charles IV, qui ne peut être considérée comme une loi, mais tout au plus comme un projet, formulé par la volonté d'un roi, qui était le continuateur de la dynastie, qui avait un fils puîné (Don Carlos), dont il foulait aux pieds les droits aussi sacrés que les siens ; projet de loi qui exposait la couronne à sortir du pays, ou à n'y rester que teinte du sang de ses habitants ; projet de loi non discuté, signé par quelques députés sans mandat *ad hoc*, jamais sanctionné, jamais promulgué, désavoué même par son auteur ; projet qui fausse et conséquemment annule les traités d'Utrecht et de Vienne, inattaquables sinon par le consentement de toutes les parties intéressées.

Telles sont les raisons en faveur de Montemolin, telles sont les raisons en faveur d'Isabelle. Que l'Europe prononce ! mais qu'elle se hâte d'intervenir ! il n'y va pas seulement du salut de l'Espagne : les éclats d'un trône portent loin leurs ravages.

COUP D'ŒIL

sur la situation présente dé l'Espagne.

Après avoir discuté les droits, il n'est pas inutile de dire quelques mots des personnes et des choses, ne fut-ce que pour répondre à ceux qui, sans se préoccuper des principes de justice, légitimant toutes les situations de fait, pour ne pas troubler ce qu'ils appellent *l'ordre établi*, et qui dogmatisent ainsi l'insurrection, en donnant à la force de prendre, le droit de posséder.

Nous avons dit que l'anarchie faisait des progrès rapides en Espagne : ce fait est si patent que les conservateurs eux-mêmes proclament que bientôt il n'y aura plus de salut que dans la dictature militaire ; et tel est le motif pour lequel ils desservent leurs louanges et les honneurs à Narvaez, au risque d'encourir les disgrâces d'Isabelle. Certes, cette situation actuelle des esprits suffirait pour justifier la répugnance innée des Espagnols pour le règne des femmes ; malheureusement cette répugnance trouve aujourd'hui d'autres motifs qui blessent profondément la fierté des mœurs Espagnoles, et qui ajoutent puissamment à la faiblesse dont le gouvernement est frappé. Dans le siècle où nous vivons, la première condition pour gouverner est de maintenir l'autorité par le respect ! Or, sans nous expliquer davantage, nous renvoyons les partisans d'Isabelle à sa cour, pour y apprendre de quelle manière elle commande à ce double élément de la puissance.

Les écrivains qui se sont chargés de tout vanter en Espagne, ne pouvant nier les progrès de l'esprit révolutionnaire, cherchent à les faire oublier en dissertant sur les développements de la prospérité du pays, facile moyen de donner le change à ceux que les chiffres ne peuvent pas atteindre ; mais qu'on en demande la valeur à ceux qui paient les impôts, et ils sauront répondre si les charges présentes sont de nature à calmer les craintes de l'avenir ; et d'ailleurs, la prospérité matérielle peut-elle arrêter la marche de l'esprit anarchique? L'exemple de la France répondra à cette question. Dans les années qui ont précédé la révolution de février, les arts, le commerce, l'industrie avaient atteint leur apogée de félicité, et pourtant l'anarchie les a foulés du pied dans le gouffre, d'où ils se relèveront, Dieu sait quand !...

Disons cependant que, dans l'état actuel, il est encore pour l'Espagne une voie de salut facile ; là, l'esprit démagogique n'a point encore eu le temps de descendre dans les classes inférieures ; dans les provinces surtout, l'antique foi monarchique et religieuse s'est conservée pure dans les âmes ; chacun ne voit dans ce qui est qu'un état de violence passager ; chacun attend parce qu'il espère dans le retour prochain aux antiques maximes gouvernementales et religieuses, par le retour du Roi légitime ; mais telle n'est point la disposition des classes élevées et du peuple des grandes villes : la corruption, partie d'en haut, se répand et se propage d'une manière effrayante ; la foi politique s'éteint ; déjà les clubs se forment, les sociétés secrètes s'organisent, l'anarchie française propose son concours à l'œuvre de la désorganisation.

Dans cette situation, une révolution est inévitable ; elle aura pour terme le rétablissement de la monarchie légitime, c'est-à-dire l'ordre et la prospérité intérieure avec la sécurité pour tous, ou l'envahissement de la puissance démagogique, c'est-à-dire la tyrannie du crime et de la misère : le temps et l'attitude de l'Europe décideront qui des deux doit l'emporter.

www.ingramcontent.com/pod-product-compliance
Lightning Source LLC
Chambersburg PA
CBHW061805050726
47598CB00002B/882